NATURWUNDER NEUSEELAND

NATURWUNDER NEUSEELAND

FOTOGRAFIEN VON ANDRIS APSE
EINFÜHRUNG VON ANDY DENNIS

Bruckmann

WIDMUNG

Zur Erinnerung an meine Mutter Kamilla

— Danksagungen —

Die großzügige Hilfe einer Vielzahl von Menschen ermöglichte mir es in den letzten zwanzig Jahren, Tausende von Bildern in Neuseeland, ja in vielen entlegenen Ecken der Welt zu sammeln.

Dieses Buch faßt circa 100 dieser Bilder zusammen. Ohne die großzügige Unterstützung der folgenden Personen hätten viele dieser Fotos nicht zustande kommen können: Alan Bond, Richard Hayes, Tim Innes, Lou Sanson, Dave Saxton, Jeff Shanks, Ken Tustin und Simon Williamson.

Die Deutsche Bibliothek - CIP Einheitsaufnahme

Apse, Andris:
Naturwunder Neuseeland / Fotogr. von Andris Apse. Einf. von Andy Dennis. [Übers.: MLT Translation Centre, Christchurch, Neuseeland]. - Sonderausg. - München : Bruckmann, 1998
Einheitssacht.: New Zealand landscapes <dt.>
ISBN 3-7654-3420-5

ISBN 3-7654-3420-5

Gedruckt in Hong Kong von Everbest Printing Co Ltd.
Veröffentlicht von Craig Potton Publishing,
98 Vickerman Street, PO Box 555,
Nelson, Neuseeland
Titel der neuseeländischen Originalausgabe:
„New Zealand Landscapes“
Fotografien: Andris Apse
Einführung: Andy Dennis
Redaktion und Bildtitel: David Chowdhury
Design: Jo Williams Design
Übersetzung: MLT Translation Centre, Christchurch, Neuseeland
Verlagskoordinator: Robbie Burton
Lektorat der deutschen Ausgabe: Robert Fischer

Foto auf der vorigen Seite: Lake Hawea, Central Otago

INHALT

Obere Bowen Falls, Milford Sound.

EINFÜHRUNG

Ich kann mich nicht erinnern, wann genau ich zuerst auf Andris Apse aufmerksam wurde, vielleicht weil er so ein bescheidener Mensch ist und seine Talente anscheinend nicht gern prahlerisch anpreist. Vielleicht war es in einer der Hochglanz-Broschüren für Touristen, in denen sein Werk in den achtziger Jahren regelmäßig erschien, oder in einem der Bände über neuseeländische Landschaft, die auch in diesen Jahren auftauchten, wie etwa "Landmarks" von Kenneth Cumberland oder "Wild New Zealand" des Reader's Digest. Jedenfalls hatte ich zu Beginn der Neunziger die jährliche Lieferung einiger Fotos von ihm für eine Serie von Wildnis-Kalendern, an deren Produktion ich beteiligt war, ausgehandelt. Und jedes Mal, wenn wir ein Bündel Apse-Dias in unserem Büro in Nelson erhielten, überkam mich eine wahre Sehnsucht nach der Wildnis auf seinen Fotos. Ich fühlte auch, wie der Eindruck dieser Fotos durch seine gleichbleibende Fähigkeit, schöne oder dramatische Lichtverhältnisse einzufangen, verstärkt wurde. Und ich empfand eine außergewöhnliche Zufriedenheit beim Betrachten von Landschaftsaufnahmen, die in einem Panorama-Format produziert waren. Soweit ich damals wußte, war Andris einer der sehr wenigen Landschaftsfotografen in Neuseeland, die vorwiegend mit diesem erweiterten Format arbeiteten, und das schien ihm gegenüber anderen Fotografen einen klaren Vorteil zu verschaffen.

Die Fotografie wurde zum ersten Mal 1963 ein schicksalsträchtiger Teil von Andris' Leben, als der junge Waldarbeiter des Forest Service sich einen Job bei der Forest and Range Experiment Station in Rangiora bei Christchurch verschaffte. Damit begann eine Phase in seinem Leben, die ihn zu Vermessungen in die weite und abgelegene Wildnis des Fiordland führte und ihn in regelmäßigen Kontakt mit dem bekannten Fotografen des Forest Service, John Johns, brachte. Auf diesen Vermessungstouren ins Fiordland und in die Kaweka Ranges auf der Nordinsel verliebte er sich Hals über Kopf in die unverdorbene natürliche Wildnis Neuseelands, die ihm gegenüber den in geraden Reihen gepflanzten kommerziellen Wäldern als die unendlich attraktivere Umwelt erschien. Besonders das Fiordland empfand er als wunderbar wild und leer, und er war total überwältigt von seiner Schönheit und Erhabenheit. Er wünschte sich ein Mittel, diese grandiosen Anblicke festhalten zu können - und entschied sich mehr oder weniger an Ort und Stelle, Fotograf zu werden. Daß dieses nicht ein unerfüllbarer Traum war, sah er in dem Werk von John Johns, dessen Schwarzweiß-Fotografien vom Fiordland ihn an chinesische Malerei erinnerten, indem sie manchmal über die rein physikalische Abbildung von Wäldern, Fjorden und Bergen zu einem tieferen Bewußtsein des eigenwilligen Charakters der Region hinausführten. Also war Andris bald stolzer Besitzer der ersten seiner vielen Kameras (einer Agfa-"Clack"), die er in den nächsten Jahren überallhin mitnahm. Dabei lernte er, daß zur Fotografie mehr gehörte, als die Kamera auf ein schönes Stück Landschaft zu richten und den Auslöser zu drücken!

Diese Pionierphase endete 1970, als ihm der Apotheker Neil Harrison in Rangiora half, ein Fotogeschäft im Ort zu kaufen, das zufällig zum Verkauf stand. So wurde es ihm möglich, eine Karriere als professioneller Fotograf zu beginnen, wiewohl die ersten Jahre seiner Karriere nicht von wilden Landschaften bestimmt waren, sondern von profaneren Dingen wie Portraits und Paß- und Hochzeitsfotos. Ausflüge in die Wildnis gab es in dieser Zeit nur selten. Statt dessen baute Andris sein Geschäft auf und erweiterte sein Wissen über Licht, Objektive und Filmmaterial. Die Befreiung von der Routine-Fotografie kam schließlich 1978, als er seinen ganzen Mut zusammennahm und eine Linhof-Technorama-Kamera erwarb, mit der man "Panorama"-Diapositive im Format 6 x 17 cm produzieren kann. Zu dieser Zeit war sie die einzige Kamera ihrer Art in Neuseeland, und 5000 Dollar für ein Stück Fotoausrüstung auszugeben, für ein so radikal neuartiges obendrein, war für einen Kleinstadt-Fotografen ein gewaltiger Schritt. Aber irgendwie konnte Andris die Bank davon überzeugen, daß er als der neue Eigentümer dieser Kamerà auserwählt war, und weder Andris noch die Bank hatten bisher einen Grund, ihre Entscheidung zu bereuen. Sofort machte sich Andris an die Entdeckung der aufregenden innovativen Möglichkeiten seiner Neuerwerbung. Er erkannte, daß er jetzt endlich eine Kamera hatte, die seinen fotografischen Neigungen und den Dimensionen der Landschaften, die ihn zuallererst zum Fotografieren inspiriert hatten und denen er schon immer mehr Zeit hatte widmen

Albatros, Adams Island, Auckland Islands.

wollen, perfekt entsprach. Die durch den Kauf dieser Kamera geöffnete Tür zur Landschaftsfotografie wurde endgültig geöffnet, als Andris Anfang der achtziger Jahre von einer einjährigen Traumreise nach Chile mit seiner jungen Familie zurückkehrte und beschloß, sich nun ganz und gar der Landschaftsfotografie zu widmen. Wenn er zu dieser Zeit seine eigene Berufsbeschreibung hätte aufzeichnen sollen, hätte er sich wohl als freischaffender Fotograf für die Zeitschrift National Geographic bezeichnet, der, mit Neuseeland als Standort, regelmäßig in allen Teilen der Welt unterwegs ist. Heute jedoch hat er diesen Traum nicht mehr, und obwohl er jetzt als Fotograf höhere Ansprüche an sich stellt als noch vor zehn Jahren, meint er nicht mehr, für die Verwirklichung dieser Ansprüche Neuseeland verlassen zu müssen. Im Gegenteil: Er wäre wahrscheinlich damit zufrieden, die nächsten zwanzig Jahre im Fiordland zu verbringen, und würde sich als hinreichend belohnt betrachten, wenn er aus dem reichhaltigen Angebot an Bergen, Tälern, Fjorden, Wäldern, Seen, Flüssen und wilden Küstenlinien eine gute Landschaftsaufnahme pro Woche produzieren könnte.

Seit mehr als 150 Jahren machen Schriftsteller, Maler und Fotografen auf die Tatsache aufmerksam, daß Neuseeland auf relativ kleinem Raum über eine Vielzahl von unterschiedlichen und unvergleichlichen Landschaften verfügt. In diesem Land finden sich viele anschauliche Beispiele für die großen erdformenden Prozesse wie tektonische Verwerfungen, vulkanische Zerstörungskraft und gewaltige Vergletscherungen. Kombiniert mit der seit achtzig Millionen Jahren dauernden Isolation von anderen Landmassen und dem häufigen Vorkommen klimatischer Extreme haben diese Prozesse die höchsten Berge in Australasien, die zugänglichsten Gletscher in den gemäßigten Erdregionen, sehr unterschiedliche, auf über 10.000 km Länge geschätzte Küstenformationen, ausgedehnte Gebiete mit unberührtem Regenwald, kahles Terrain mit Halbwüsten und, großzügig in die Landschaft eingestreut, sehr eigenwillige Formationen wie etwa Karstgebiete und verblüffende Beispiele geothermischer Aktivitäten hervorgebracht. Auch trifft man hier überall auf dramatische Kontraste - trockene Gebiete im Osten und ungleich feuchtere im Westen; sanfte Ebenen, die an schroff aufsteigenden Bergen enden; ein subtropischer Norden und ein gemäßigter Süden; und große Flächen von so gut wie unberührter Wildnis, die, manchmal sehr abrupt, besiedelten Gebieten Platz machen, aus denen oft alle Spuren der Wildnis beseitigt sind. Eigenschaften wie diese - und die Aufzählung ist beileibe nicht vollständig - helfen zu erklären, wie ein Fotograf mit dem Talent und der Ambition von Andris hier alles, was er zur Befriedigung seiner künstlerischen Neigungen braucht, findet, ohne das Bedürfnis zu verspüren, in ferne Länder zu reisen.

Nach meiner Erfahrung gibt es fünf Hauptfaktoren, die die Qualität von Landschaftsfotografie ausmachen. Es sind dieses das technische Verständnis und die Fertigkeiten im Umgang mit Kameras, Objektiven, Filtern und Filmmaterial, das Auge für das Motiv und den Bildaufbau, das Gefühl für Licht, viel Geduld (je mehr desto besser) und ohne Zweifel etwas Glück. Mit Ausnahme des letzten, für den der Fotograf im Gegensatz zu den anderen nicht verantwortlich ist, finden alle diese Faktoren vielfachen Ausdruck in der Auswahl aus Andris' Schaffen, die in dieser Sammlung erscheint. Deshalb bietet sie auch einen geeigneten Rahmen, um sich einige dieser Fotos etwas genauer anzuschauen, und mit ihnen die Landschaften, die Andris bevorzugt fotografiert, und auch die Art und Weise, wie er sie auf Film festhält.

Im Laufe unserer Gespräche über Fotografie habe ich Andris einmal gefragt, ob er sich sicher fühle, daß er, wenn er den Auslöser drücke, genau das Bild einfange, das er habe haben wollen, oder ob er, wie die meisten von uns, mit einigem Unbehagen warte, bis der Film aus dem Labor zurückkomme. Ohne einen Hauch von Arroganz erwiderte er, daß er jetzt immer genau wisse, was bei jedem Foto herauskomme, sogar bevor er den Auslöser drücke. So genau kennt er also seine Kameras, Objektive, Filter und Filme, daß er, wenn er eine Landschaft erblickt, die er für fotografierenswert hält, keinen Zweifel hegt hinsichtlich seiner Fähigkeit, sie auf Film zu bannen, ungeachtet der vielleicht auftretenden technischen Schwierigkeiten. In seiner Fototasche befinden sich normalerweise fünf Dia-Film-Typen und eine Serie von sieben verschiedenen Filtern. Wie ernst er die Grundwerkzeuge seines Berufes nimmt, kann man daran erkennen, daß, wenn er mit einem neuen Filmtyp experimentiert, er mindestens 100 Rollen Film verbraucht, bevor er sich völlig sicher fühlt, was der Film leistet. Weil Film die Wirkungen natürlichen Lichts nur unter einer sehr beschränkten Bandbreite von Bedingungen reproduzieren kann, sind bei den meisten Fotos in dieser Sammlung Filter teilweise ganz massiv eingesetzt worden, wobei das Ziel aber nur äußerst selten eine kosmetische Verschönerung war. Vielmehr geschah dies in dem Bemühen, die natürlichen Qualitäten von Atmosphäre und Licht zu reproduzieren, die vorhanden waren, als das Foto gemacht wurde. Und für mich ist es eine eindeutige Bestätigung der außergewöhnlichen technischen Fertigkeiten von Andris, daß in den meisten Fällen, einschließlich der unter schwierigen Lichtverhältnissen gemachten Fotos, der Gebrauch von Filtern für die meisten Betrachter nicht erkennbar ist.

Obwohl Andris gern die neuesten Entwicklungen bei Filtern und Filmen nutzt, bleibt er in Sachen Kameras ein Traditionalist. Nachdem er in der Vergangenheit mit fast jeder guten mittelformatigen Kamera experimentiert und sie alle als unzureichend befunden hat - nicht unbedingt aufgrund optischer

Unzulänglichkeiten, sondern wegen mangelnder Robustheit unter den harten Einsatzbedingungen -, ist er nun dazu übergegangen, sich seine Kameras seinen Anforderungen entsprechend maßanfertigen zu lassen. Obwohl in diesen einzigartigen Geräten die allerbesten Schneider-Linsen und andere Komponenten von ähnlich kompromißloser Qualität verarbeitet wurden, sind sie in vieler Hinsicht das genaue Gegenteil der von den meisten modernen Herstellern produzierten High-Tech-Kameras. Sie verfügen zum Beispiel nur über manuelle Funktionen für Belichtung, Blende und Scharfeinstellung. Es sind keine Spiegelreflexkameras, so daß Andris seine Landschaften nicht durch das Objektiv, das die Bilder auf den Film projeziert, betrachten kann. Und es gibt keine elektronischen Hilfen oder Computersteuerung. Sie sind in der Tat denjenigen Kameras ähnlicher, die Leute wie Ansel Adams vor einem halben Jahrhundert benutzt haben, als den raffinierten Geräten, die die meisten Profis heute verwenden. Was einfach bedeutet, daß Andris, um ein Foto zu machen, alle diese wichtigen Funktionen selbst ausführen muß - nachdem er natürlich die gleichermaßen wichtigen Vorentscheidungen in bezug auf Objektiv, Filter und Film getroffen hat.

Diese Fotos zeugen aber nicht nur von einem hohen Niveau an technischer Fertigkeit, sondern sie vermitteln auch fast ausnahmslos ein Gefühl ästhetischer Harmonie, selbst wenn die "Laune" der Landschaft alles andere als harmonisch ist. Immer wieder habe ich das Gefühl, daß das Arrangement der Komponenten gänzlich angemessen ist - fast als ob Andris die Landschaft nach seinen eigenen Wünschen angeordnet hätte. In der Winter-Fotografie des Ahuriri Valley (S. 71) kann ich ihn mir vorstellen, wie er auf einer Terrasse oberhalb des schneebedeckten Talgrundes stundenlang vor- und zurückläuft und versucht, das

Verwachsene, knorrige Überreste eines Rata-Waldes und windgepeitschtes Küstengebüsch auf Enderby Island, Auckland-Islands-Gruppe.

reizvolle Muster der Flußwindungen und verstreuten Weiden in einer Komposition zusammenzubringen, die der Landschaft, so wie er sie sieht, gerecht wird. In der Hochland-Studie des Lake Onslow auf den darauffolgenden Seiten haben die mühevolle Standortwahl und die sorgfältige Auswahl eines Objektivs eine Landschaft in perfekter Balance produziert, mit sanft gewellten, tussockbewachsenen Berghängen, die den Betrachter durch Vorder- und Hintergrund zu einer Gruppe von Fischerhütten auf einer sonnenbeschienenen Landzunge in der Mitte des Bildes führen. Das Muster von Wolken und klarem Himmel wird durch das Arrangement von Land und Seewasser ausbalanciert, und das unaufdringliche Spiel von Licht und Schatten scheint der Gesamtstimmung von Abgeschiedenheit und Ruhe vollauf zu entsprechen.

In diesen beiden Fotografien, wie in den meisten in diesem Buch überhaupt, scheint mir die Bildkomposition durch das Panorama-Format erheblich zu gewinnen. Beim ersten Bild konnten durch die Breite der Komposition die Flußwindungen in ihrer ganzen Ausdehnung ohne die Distanzierung, die ein Weitwinkelobjektiv produziert, in den Vordergrund aufgenommen werden, während man im zweiten Bild den Eindruck erhält, daß nichts in der Komposition fehlt, was ihre Wirkung noch hätte steigern können. (Als weiteren Beweis für diese penible Hingabe zur Komposition könnten Sie beide Fotos - wenn auch nur ein wenig - beschneiden, und Sie werden sehen, was dadurch verlorengeht!) Die Resultate können noch dramatischer in den ultrabreiten (6 x 17) Kompositionen sein, nicht nur bei großen Rundblicken wie an der Ben Avon Station (S. 82), am Lake Leeb und der Haast Range (S. 100) oder der Aufnahme von den verwobenen Armen und Inseln im Dusky Sound (S. 17), sondern auch auf Fotos mit physikalisch beschränkterem Fokus wie von den Sanddünen am Ninety Mile Beach (S. 28), den windgepeitschten Macrocarpa-Bäumen bei Pahia im Southland (S. 60) oder vom Waldesinneren im Wild Natives Valley im Fiordland (S. 44). In diesem Zusammenhang sollte vielleicht ergänzt werden, daß, obwohl Andris seine Experimente in der Panorama-Fotografie mit einer 6 x 17-Kamera begann, er heute das "schmalere" 6 x 12-Format zu bevorzugen scheint. Ein Grund dafür mag in dem begrenzten Markt für ultrabreite Dias liegen. Aber ich vermute auch ästhetische Gründe. Das 6 x 12-Format scheint dem normalen Gesichtsfeld des Menschen mehr zu entsprechen und somit der Art, wie wir eine Landschaft aufnehmen, so wir denn vor Ort anwesend gewesen wären. Es paßt auch besser zu Kompositionen, bei denen die Hauptbetrachtungslinie vertikal durch die Mitte des Bildes verläuft, wie zum Beispiel bei der atemberaubenden Abendstille am Mount Aspiring (S. 105) oder den beiden wundervollen Studien einsamer Seevögel vor der rauhen, aber dramatisch schönen Landschaft der subantarktischen Adams Island (S. 7 und S. 117).

Abgesehen davon, daß sie unser Interesse beim ersten Anschauen erregt, veranlaßt uns eine besonders gute Landschaftsfotografie immer wieder zur genaueren Betrachtung und zu neuen Entdeckungen. Der Leuchtturm am Katiki Point (S. 26) zum Beispiel liefert den Mittelpunkt für eine weitere schöne Fotografie, eingetaucht in eine Atmosphäre von Wind und Sturm und scheinbarer Abgeschiedenheit. Aber schauen Sie noch einmal hin: Die Straße zeigt wenig Anzeichen von Verkehr, seit sie zuletzt planiert wurde. Und eine Kuh, einsam auf ihrer Weide und nur bei sehr genauem Hinsehen zu erkennen, stiert traurig über die Straße, wo zwei weitere Kühe wenigstens etwas Gesellschaft haben. Hat Andris diese Dinge im Auge gehabt? Oder hat er nur eine Szene gesehen, die ihm aus anderen Gründen (die Linien von Straße und Zäunen; der Leuchtturm selbst; die allgemeine Stimmung) als gutes Motiv erschien, wenn auch als eines, das ein starkes Gefühl von Einsamkeit und Isolation vermittelt?

Das Licht leistet natürlich einen enormen Beitrag zur Gesamtwirkung eines Fotos wie diesem, und ich bin sicher, daß selbst ein perfektes Arrangement irdischer Komponenten als Fotografie scheitern würde, wenn der Kontrolleur am Schaltpult der Elemente in unkooperativer Laune wäre. Was für mich die emotionale Wirkung vieler dieser Fotos vorwiegend ausmacht und meiner Meinung nach viele von ihnen zu Kunst erhebt, ist die Qualität des Lichts, das auf die Kompositionen fällt. Ich war in der Tat so beeindruckt von der dramatischen Wirkung des Lichts, als ich diese Sammlung zum ersten Mal sah, daß ich dem Verlag vorschlug, den Untertitel "Landschaft und Licht" auf der Titelseite einzufügen. Unter den schon erwähnten Aufnahmen sind die vom Lake Onslow (S. 72), den Macrocarpas im Southland (S. 60) und vom Mount Aspiring (S. 105) schöne Beispiele für Landschaft und Licht, wie auch die meisten der Fotos, die diese Einführung illustrieren, besonders die vom Lake Hawea (Haupttitel S. 3) und von Adams Island (S. 7). Im letzteren waren es, glaube ich, der einzelne Seevogel und die dramatischen Klippen, die mich anfangs fesselten. Aber was mich immer wieder zu diesem Foto speziell hinzieht, ist die Art, wie die bedrohlichen schwarzen Wolken über der Insel hängen, das Sonnenlicht über dem Meer flimmert und die ganze Szene dazwischen zu einem Muster verschiedener Stimmungen von Intimität und Abgeschiedenheit, Sicherheit und Entfremdung wird, indem die Wirkung des dramatischen Lichts mit den Strukturelementen der Komposition interagiert. Im Falle der Gebirgskette hinter dem Lake Hawea ist der Bildaufbau nicht um Motive in der Mitte des Fotos herum konstruiert, sondern durch horizontal arrangierte Landschaftskomponenten und mit diesem strukturellen Muster in perfekter Harmonie. Der Lichteinfall auf der Insel und am Himmel erscheint in einer Abfolge von horizontalen Streifen von Sonnenlicht und Schatten.

Ich gebe zu, daß es bei diesen Fotos sehr viel einfacher ist zu sagen, daß sie "schönes" oder "dramatisches" Licht wiedergeben, statt zu versuchen, in Worten zu erklären, was teilweise (oder manchmal gänzlich) eine rein intuitive emotionale Reaktion des Betrachters ist. Die ersten drei im vorigen Absatz erwähnten Fotografien zeigen für mich alle "schöne" Lichtverhältnisse, wie auch viele der ländlichen Kulturlandschaften, sowohl in der Intensität der Grüntöne als auch in den Mustern von Licht und Schatten; das gleiche gilt für alle Fotografien von Urwäldern, auch für jene mit ernsterem Unterton wie die Aufnahmen vom Buchenwald am reißenden Fluß am George Sound (S. 36 und S. 47). Auch anderswo kann erhabenes Licht eine Art melancholische Schönheit erzeugen, die in vielen Bildbänden über Neuseeland fehlt; Beispiele

Hoopers Inlet und Allans Beach, Otago Peninsula.

hierfür sind die schöne stimmungsvolle Studie von Penguin Bay auf der Otago Peninsula (S. 29) und die wunderbar stygische Meereslandschaft des Cape Reinga im Zwielicht (S. 18).

Im Gegensatz dazu ist "dramatisches" Licht eher ungleichmäßig (obwohl das nicht immer der Fall ist), und in diese Kategorie fallen jene Fotografien, deren Wirkung zumindest zum Teil vom Fotografen manipuliert worden ist, entweder durch den kreativen Einsatz von Filtern oder durch Techniken wie etwa das Fotografieren gegen die Sonne. Beispiele dafür sind der goldene Sonnenaufgang über dem Nugget Point (S. 15) und das helle Licht auf den Windungen des Oberlaufs des Rakaia River (S. 80). Obwohl mich diese Effekte beeindrucken, muß ich zugeben, daß ich persönlich solche Lichteffekte bevorzuge, die unmanipuliert von den Elementen selbst erzeugt werden, wie das so wunderbar geschieht beim Licht auf den Gebirgszügen und Wolken am Lake Hawea (S. 87), beim Farmland bei Kyeburn (S. 56) oder bei der mystischen Stimmung der Schneefelder am Fox Glacier (S. 92). Beim letztgenannten fallen Lichtfetzen in einer Woche unaufhörlicher Stürme während eines kurzen Zwischenspiels der Kooperation der Elemente auf einen ansonsten völlig dunklen Gletscherfirn - eine nachdrückliche Erinnerung daran, daß bei der Landschaftsfotografie das Licht wahrlich ein Geschenk der Götter ist, und obendrein eines, mit dem sie nicht immer sehr freigiebig umgehen, auch nicht gegenüber denen, die es am meisten verdienen.

Ungefähr vor einem Jahr stand ich jeden Tag vor Sonnenaufgang auf, um Kamera und Stativ über dem wunderschönen Strand an der Sealers' Bay auf Codfish Island aufzubauen, und wartete darauf, einen grandiosen Sonnenaufgang über den Ruggedy Mountains auf der nahen Stewart Island einzufangen. Kein sehr originelles Unterfangen, sondern eher ein Versuch, die Resultate der morgendlichen Wachen eines Freundes am selben Punkt vielleicht zu übertreffen. Zuweilen waren die Zeichen sehr vielversprechend, wenn sich dunkle Wolken über den Gipfeln der Berge zusammenbrauten, aber am östlichen Horizont noch einen Streifen klaren Himmels freiließen - perfekte Bedingungen, so schien es, für einen hinreißenden Sonnenaufgang. Aber trotz zweier Wochen geduldigen Verharrens kam die Morgenröte nie so, wie ich es mir erhofft hatte, und meine fotografischen Resultate waren eher bescheiden.

Auch wenn die Elemente für die fotografischen Zwecke nicht mitspielen, wird man natürlich durch viele andere Dinge belohnt, wenn man noch vor Sonnenaufgang in der Wildnis auf den Beinen ist, aber es ist ungewöhnlich für mich, dem Naturell nach mehr ein Reisender denn ein Beobachter, dieses Maß an Geduld aufzubieten. Für Andris jedoch ist das die bevorzugte Arbeitsweise. Jedes Jahr im Frühling oder Frühsommer unternimmt er zum Beispiel eine sechswöchige Expedition zu einem seiner bevorzugten Plätze an der unwegsamen Küste des Fiordland. Er macht diese Trips oft ganz allein mit seinen Kameras, Vorräten und einem kleinen Ruderboot. Er richtet ein Basislager ein und beginnt seine geduldige Arbeit, nach jenem Zusammentreffen der Faktoren zu suchen beziehungsweise auf das zu warten, was nicht einfach eine gute, sondern eine außergewöhnliche Fotografie ergibt. Wieder und wieder kehrt er an den sorgsam ausgewählten Ort zurück. Und von Zeit zu Zeit liefert ihm diese Einsamkeit von Wald und Meer, Bergen und strömendem Wasser das, was er sucht - Fotografien wie jene von dem verträumten Buchenwald und dem reißenden Fluß am George Sound (S. 13 und S. 36) oder die fast mystische Stille ruhigen Wassers, sonnenbeschienener Inseln und nebelumhüllter bewaldeter Berghänge wie auf dem Umschlagfoto.

Es versteht sich von selbst, daß Leute, die sich durch die Landschaft bewegen anstatt für eine Zeit an einem Ort zu verweilen, mehr auf ihr Glück angewiesen sind, wenn sie das für ein Foto wünschenswerte Zusammenspiel von Landschaft und Licht finden wollen, als ein geduldiger Mensch wie Andris. Aber auch Andris geht manchmal leer aus. Trotz einer Reihe sorgsam abgestimmter Besuche am Lake Matheson zum Beispiel ist er noch nicht mit einer Aufnahme zurückgekehrt, die seinen eigenen strengen Maßstäben entspräche. Der Bildaufbau stellt kaum ein Problem dar; in der Tat ist der klassische Blick vom westlichen Ende des Sees ideal für das breite oder sogar extrabreite Format. An technischer Fertigkeit mangelt es natürlich auch nicht. Und in seiner Planung hat er sicherlich Dinge wie die Jahres- und Tageszeit und das Wetter genauestens berücksichtigt. Aber irgendwie haben die wichtigen Elemente von Licht und Stimmung bisher nicht so mit Andris kooperiert, wie er es sich für dieses klassische West-Coast-Panorama von See und Wald, Bergen und Himmel vorgestellt hatte. Eine gute Woche vor unserem ersten Treffen war Andris unterwegs zu den subantarktischen Auckland Islands, wo es ihm ähnlich erging. Freudig hatte er die Gelegenheit ergriffen, eine Meeresexpedition zu diesen abgelegenen Außenposten Neuseelands zu begleiten, von denen die, die schon einmal dort waren, sagen, daß sie gut für Pflanzen, Seevögel und Meerestiere seien, aber schlecht für Menschen. Außer für Leute wie Andris, die in der kompromißlosen Wildheit dieser Inseln, ihrem intensiven Licht und in den extremen Wetter- und Stimmungswechseln einen fruchtbaren Boden für kunstvolle Landschaftsfotografie erblicken. Aber als die Bedingungen das erbracht hätten, was er wollte, konnte er wegen des Wetters nicht anlegen, und so wurde nichts aus dieser seltenen Gelegenheit, subantarktische Landschaftsaufnahmen zu ergattern.

Diese beiden Episoden zeigen uns nicht nur, daß es bei der Landschaftsfotografie immer ein Element gibt, das sich selbst der Kontrolle des gewissenhaftesten Fotografen entzieht, sondern sie verdeutlichen auch, was Andris für die Erlangung seiner fotografischen Ziele auf sich zu nehmen bereit ist. Auf eine ganz bestimmte Weise, die ich nicht genau erklären kann, scheinen mir die hier zusammengestellten Fotografien im Endeffekt statt nur glücklichen Umständen vielmehr jenen Qualitäten zu verdanken zu sein, die ich zu beschreiben versucht habe, also Andris' intensivem Bemühen um die Perfektionierung seines Handwerks, seiner Sorgfalt bei der Bildkomposition, seinem Gespür für die wichtige Rolle des Lichts und seinem enormen Maß an Geduld, die er gern aufbringt, um Fotografien zu schaffen, die sowohl der abzubildenden Landschaft als auch seinen künstlerischen Ansprüchen genügen. In der Tat ist das einzige Foto in diesem Buch, das das Ergebnis des Zufalls anstatt sorgfältiger Planung und geduldiger Ausführung ist, dasjenige vom Aufkommen eines Nordweststurmes über dem Hawdon Valley (S. 79), das an Petrus van der Veldens Gemälde der Otira Gorge erinnert und vom Straßenrand aus auf einer Fahrt über den Arthur's Pass aufgenommen wurde.

Diese Reflektionen über Geduld und Glück erscheinen mir als geeigneter Punkt, diese einführenden Bemerkungen zu beenden und die Fotos für sich selbst sprechen zu lassen. Vielleicht werden andere bei der Betrachtung auch an die Jahre der Beharrlichkeit denken, die nötig sind, eine solch bemerkenswerte Sammlung wie diese zu schaffen, und auch daran, wie glücklich wir sind, daß es Menschen gibt, die es uns ermöglichen, einfach ein Buch zu öffnen und zu sehen, wie schön und bewegend Landschaft und Licht ist.

Andy Dennis

Alice Falls am George Sound, Fiordland-Nationalpark.

DIE KÜSTE

Eine sich zusammenbrauende Wolkenbank über Portobello, Otago Peninsula, bei Sonnenuntergang.

Nugget Point, erodierte Felsen und Klippen bei Sonnenaufgang, Catlins Coast, South Otago.

Gegenüberliegende Seite: Mitre Peak, Milford Sound.

Oben: Durch Gletscher geformte Inseln und Landzungen am Eingang zum Dusky Sound, Fiordland-Nationalpark.

Umseitig: Cape Reinga, der nördlichste Punkt des neuseeländischen Festlandes, in der Abenddämmerung.

GEGENÜBERLIEGENDE SEITE: Breaksea Sound, Fiordland-Nationalpark.

OBEN: Ruhige See bei Sonnenaufgang in nördlicher Richtung zur Kaikoura Peninsula von der Mündung des Kahutara River aus gesehen.

LINKS: Castlepoint, Wairarapa Coast.

OBEN: Kalkstein-/Sedimentgestein-Klippen unterhalb des Leuchtturms am Castlepoint.

UMSEITIG: Die morgendliche Bewölkung löst sich nach einem Südweststurm von den Felswänden und vom Mitre Peak im Milford Sound.

Leuchtturm am Katiki Point bei Moeraki, Otago, mit Blick nach Süden.

Meeresbrandung als spektakuläre Druckwasserfontänen bei Punakaiki im Paparoa-Nationalpark im North Westland.

Sandmuster bei Pakawau, Golden Bay.

RECHTS: Stürmische Brandung am Penguin Beach auf der Otago Peninsula.

Cape Maria Van Dieman, North Cape, Northland.

Die Küste des South Westland vom Knights Point bei Haast.

Regenschauer über Chalky Inlet im Südwesten des Fiordland-Nationalparks.

Sanddünen, Ninety Mile Beach, Northland.

UMSEITIG: Lachsfischen an der Mündung des Waimakariri, Canterbury.

DIE WILDNIS DES TIEFLANDS

Alice Falls, George Sound, Fiordland-Nationalpark.

Baumstämme und Baumfarne, Breaksea Sound, Fiordland-Nationalpark.

Korokoro Falls, Urewera-Nationalpark.

Farne und breitblättrige Sträucher und Bäume im Kaipo Valley, Fiordland-Nationalpark.

Sonnenuntergang über den Fraser Peaks und Port Pegasus, Stewart Island.

Rechts: Ein Zufluß zum Wild Natives River am Bligh Sound,

Fiordland-Nationalpark.

Der Styx River beim Lake Kaniere, Westland.

Ein Wäldchen aus Nikau-Palmen am Kahurangi Point an der Westküste des Kahurangi-Nationalparks, Nordwest-Nelson.

UMSEITIG: Moosüberzogener Wald und Rippenfarne am Kiwi Lake, Wild Natives Valley, Fiordland-Nationalpark.

In einem Buchenwald in der Freeman Burn oberhalb des Nordarms des Lake Manapouri, Fiordland-Nationalpark.

Kleiner Waldwasserfall am George Sound, Fiordland.

WEIDELAND

Hafer-Ernte auf einer Farm in North Canterbury.

Hereford-Rinder weiden auf Farmland unterhalb der Southern Alps beim Fox Glacier.

Sanftgewelltes Farmland bei Balclutha.

RECHTS: Ausläufer der Southern Alps, die Canterbury Plains und der Rakaia River.

Blick von Peggy's Hill auf Otago Harbour (links), Otago Peninsula und Hoopers Inlet.

Coromandel Harbour und vorgelagerte Inseln von Pukewhakataratara gesehen, Coromandel Peninsula.

Letztes Licht auf nordwestliche Wolkengebilde bei Fernside, North Canterbury.

Mudstone-Bergfarmland bei Tahora im Bezirk Taumarunui, King Country.

UMSEITIG: Goldene Felder und Flußböschung bei Kyeburn, North Otago.

Die Gerste-Ernte auf "Woodlands" bei Temuka, South Canterbury.

Farmland an der Tolaga Bay, East Cape.

Verdrehte und vom Wind zerzauste Macrocarpa-Bäume bei Pahia an der Südküste des Southland.

Schafherden auf hügeligem Land auf "Woodlands" bei Temuka, South Canterbury.

Talnebel steigt von den frostigen Ufern und Bäumen am Clutha River auf
(diese Flußebene ist jetzt vom Lake Dunstan überflutet, der durch den Clyde-Damm aufgestaut wurde).

Herbstliche Pappeln und Weiden bei Macetown, Central Otago.

UMSEITIG: Grasland bei Palmerston North.

Bergland südlich des Waitaki Valley und dahinter die Schwemmebene des Waitaki River.

Wellige grüne Hügel bei Cheviot, North Canterbury.

UMSEITIG: Kirche, Friedhof und Gerste bei Taihape, nördliches Manawatu.

DAS HOCHLAND

Douglas-Tannen im Herbst und das Massiv des Mount Cook vom Ufer des Lake Pukaki.

Das obere Ahuriri Valley nach mittwinterlichem Schneefall, Mackenzie Country.

Sonnenaufgang am Lake Onslow, östlich von Roxburgh in Central Otago.

Blick vom Mount John am Lake Tekapo im Mackenzie Country Richtung Nordwesten auf die Ausläufer der Southern Alps.

Ertrunkene Weiden im Lake Wanaka.

UMSEITIG: Regenwolken nähern sich dem Lake Manapouri von den Bergen des Fiordland.

Erewhon Station, Taihape, nördliches Manawatu.

Ein Staubsturm im Hawdon Valley kündigt einen Nordweststurm über dem Arthur's-Pass-Nationalpark an.

In sonnenerleuchteten Windungen fließt der Rakaia River von den Southern Alps in die Canterbury Plains.

Rinder-Abtrieb auf Birdwood Station in der oberen Dingle Burn, östlich des Lake Hawea, Central Otago.

Umseitig: Ben Avon Station, oberes Ahuriri Valley.

Kalkstein-Hügel und Schafe bei der Winterfütterung am Castle Hill im Bergland von Canterbury.

Treiber auf einem Hochkamm im oberen Dingle Burn, Otago.

Treiber und Hunde auf Dalrachney Station beim Lindis Pass, Otago.

Nach Westen über den Lake Hawea Richtung Mount Aspiring (verdeckt) und Gipfel des Mount-Aspiring-Nationalparks.

Umseitig: Lake Wanaka und die Southern Alps von Roys Peak.

DIE BERGE

Die Torlesse Range von Castle Hill Village, Canterbury.

Kletterer auf der Pioneer Ridge, oberer Fox Glacier, Westland-Nationalpark.

UMSEITIG: Skiläufer auf dem Fox Glacier, Westland-Nationalpark.

Waiwhakaiho River und Mount Egmont/Taranaki, Egmont-Nationalpark.

Mount Tasman, Mount Cook und Mount Sefton von Südwesten.

Umseitig: Sturmwetter über den Southern Alps, gesehen vom Ende des Lake Tekapo Richtung Norden das Godley Valley entlang.

Eine "Hogsback"-Sturmwolke verhüllt Mount Cook bei Sonnenuntergang, vom Hooker Valley gesehen, Mount-Cook-Nationalpark.

Mount Tasman (Mitte) und Mount Cook, von einem Grat hoch über dem Fox Glacier im Westland-Nationalpark.

UMSEITIG: Lake Leeb oberhalb des Arawata Valley mit Blick nach Osten zur Haast Range, South Westland.

Der Bogen eines Nordweststurms über dem Lake Pukaki mit Blick nach Norden auf Mount Cook.

Lake Roe in den Merrie Mountains am Kopf des Hauroko Burn, südlicher Fiordland-Nationalpark.

Wasserfall unterhalb des Lake Freeman im oberen Freeman Burn oberhalb des Nordarms des Lake Manapouri, Fiordland-Nationalpark.

Rechts: Mount Aspiring und der Bonar Glacier von Südwesten. Mount Cook links am weiten Horizont.

Blick nach Süden auf die westliche Seite des Fiordland-Nationalparks von oberhalb der Catseye Bay.

Hump-Ridge-Bergsee, südlich des Lake Hauroko, südlicher Fiordland-Nationalpark.

Sonnenaufgang über End Peak und Treble Cone beim Lake Wanaka, Central Otago.

Mount Ngauruhoe bei Sonnenuntergang, Tongariro-Nationalpark

INSELN

Wasserdampf und Schwefeldämpfe aus dem Vulkan auf White Island, Bay of Plenty.

Schwefelablagerungen und dampfende Fumarolen im White-Island-Krater.

Vulkanische Klippen auf der Südseite der subantarktischen Adams Island in der Auckland-Islands-Gruppe, 600 km südlich vom neuseeländischen Festland.

Embrasure Point und windgepeitschter Wasserfall, Adams Island, Auckland-Islands-Gruppe.

Stämme des Südlichen Ratabaums, Auckland Island.

Rugged Point an der Nordwestspitze von Stewart Island.

Dickschnabelpinguin-Kolonie und Felsturm, Antipodes Island, 1000 km südöstlich von Neuseeland.

Albatros-Nistplatz auf einem Felsvorsprung oberhalb des Fly Harbour, Adams Island, Auckland Islands.

Dünen an der Mason Bay, Stewart Island.

Die Ruggedy Mountains von Waituna Beach gesehen, nordwestliche Stewart Island.

Bulleralbatrosse kreisen über Felsen auf Solander Island, nordwestlich von Stewart Island.